AF227176

L'ÉGYPTIENNE.

SULTAN-KEBIR!.. C'ÉTAIT ÉCRIT!..

BALLADE ARABE,

DÉDIÉE A L'ARMÉE,

PAR

Mlle CAROLINE ALYRAN,

PRÉCÉDÉE

DE LA RELATION DE L'ENTREVUE

DE

BONAPARTE,

Membre de l'Institut National, Général en chef de l'armée d'Orient, et de plusieurs Muphtis et Imans, dans l'intérieur de la grande Pyramide, dite Pyramide de Chéops.

PARIS,

CHEZ LEDOYEN, LIBRAIRE,

GALERIE D'ORLÉANS, N° 31, PALAIS-ROYAL.

1852

L'ÉGYPTIENNE.

Ce jourd'hui, 25 thermidor de l'an 6 de la République française, une et indivisible, répondant au 28 de la lune de Muharem, l'an de l'hégyre 1213, le général en chef, accompagné de plusieurs officiers de l'état-major de l'armée et de plusieurs membres de l'Institut national, s'est transporté à la grande pyramide, dite de Chéops, dans l'intérieur de laquelle il était attendu par plusieurs Muphtis et Imans, chargés de lui en montrer la construction intérieure.

A neuf heures du matin, il est arrivé, avec sa suite, sur la croupe des montagnes de Giseh, au nord-ouest de Memphis. Après avoir visité les cinq pyramides inférieures, il s'est arrêté, avec une attention particulière, à la pyramide de Chéops, dont les membres de l'Institut ont à l'instant déterminé, par des mesures trigonométriques, la hauteur perpendiculaire.

Cette hauteur s'est trouvée être d'environ 155 mètres (près de 465 pieds), ce qui est près du double de celle des monuments les plus élevés de l'Europe. (Cette assertion n'est pas exacte : la flèche de Strasbourg, qui est le monument de l'Europe le plus élevé, a 138 mètres de hauteur, y compris la croix. Saint-Pierre-de-Rome a, au-dessus de la croix, 136 mètres. Il n'y a donc que 17 mètres de différence entre la pyramide de Chéops et la flèche de Strasbourg, et 19 mètres avec la croix de Saint-Pierre.)

Le général et sa suite, ayant pénétré dans l'intérieur de la grande pyramide, ont trouvé d'abord un canal de cent pieds de long et de trois pieds de large, qui les a conduits, par une pente rapide, vers les salles qui servaient de tombeau au Pharaon qui érigea ce monument. Un second canal, fort dégradé, et remontant vers le sommet de la pyramide, les a menés successivement sur deux plate-formes, et de là, à une galerie voûtée de la longueur de 118 pieds, aboutissant au vestibule du tombeau. C'est une salle voûtée d'environ 17 pieds de long sur 15 de large, dans un des murs de laquelle on remarque la place d'une momie, qu'on croit avoir été l'épouse du Pharaon.

On voit, dans cette salle, la trace de fouilles faites avec violence par les ordres d'un calife arabe, qui fit ouvrir la pyramide et qui croyait que ces lieux recélaient un trésor. L'effet des mêmes tentatives se remarque dans une seconde salle, perpendiculaire à la première, et plus haute de 100 pieds, où l'on croit qu'était le corps du Pharaon.

Cette dernière salle, à laquelle le général est enfin parvenu, est à voûte plate, longue de 32 pieds sur 16 de large et haute de 19 pieds. On ignore ce que les Arabes spoliateurs découvrirent dans ce sanctuaire ; le général n'y a trouvé qu'une caisse de granit d'environ huit pieds de long sur quatre d'épaisseur, qui renfermait sans doute la momie du Pharaon.

Il s'est assis sur le bloc de granit, a fait asseoir à ses côtés les Muphtis et Imans : Suleïman, Ibrahim et

Méhémet, et il a eu avec eux, en présence de sa suite, la conversation suivante :

BONAPARTE.

Dieu est grand et ses œuvres sont merveilleuses. Voici un grand ouvrage de main d'homme ! — Quel était le but de celui qui fit construire cette pyramide ?

SULEÏMAN.

C'était un puissant roi d'Egypte, dont on croit que le nom était Chéops. Il voulait empêcher que des sacri-léges ne vinssent troubler le repos de sa cendre.

BONAPARTE.

Le grand Cyrus se fit mettre en plein air pour que son corps retournât aux éléments. Penses-tu qu'il ne fit pas mieux ? le penses-tu ? (Il est à présumer que le gé-néral faisait cette question pour sonder la sincérité de leur foi ; aussi ils répondent évasivement.)

SULEÏMAN, *s'inclinant.*

Gloire à Dieu, à qui toute gloire est due !

BONAPARTE.

Honneur à Allah ! Quel est le calife qui fit ouvrir cette pyramide et troubler la cendre des morts ?

MÉHÉMET.

On croit que c'est le commandeur des croyans Mah-moud, qui régnait il y a plusieurs siècles à Bagdad ; d'autres disent le renommé Aaron-al-Raschid (Dieu lui fasse paix), qui croyait y trouver des trésors ; mais quand on fut entré par ses ordres dans cette salle, la tradition porte qu'on n'y trouva que des momies, et sur le mur, cette inscription en lettres d'or :

**L'impie commettra l'iniquité sans fruit,
mais non sans remords.**

BONAPARTE.

Le pain dérobé par le méchant, remplit sa bouche de gravier.

MÉHÉMET, *s'inclinant.*

C'est le propos de la sagesse.

BONAPARTE.

Gloire à Allah! Il n'y a point d'autre Dieu que Dieu. Mohammed est son prophète et je suis de ses amis.

SULEÏMAN.

Salut de paix sur l'envoyé de Dieu! Salut aussi sur toi, invincible général, favori de Mohammed.

BONAPARTE.

Muphti, je te remercie! Le divin Koran fait les délices de mon esprit et l'attention de mes yeux. J'aime le prophète, et je compte, avant qu'il soit peu, aller visiter et honorer son tombeau dans la ville sacrée; mais ma mission est auparavant d'exterminer les Mameluks.

IBRAHIM.

Que les anges de la Victoire balayent la poussière sur ton chemin et te couvrent de leurs ailes.

Le Mameluk a mérité la mort.

BONAPARTE.

Il a été frappé et livré aux anges noirs Moukir et Quarkir. Dieu de qui tout dépend **a** ordonné que sa domination fût détruite.

SULEÏMAN.

Il étendit la main de la rapine sur les terres, les moissons et les chevaux de l'Egypte....

BONAPARTE.

Et sur les esclaves les plus belles, très saint Muphti.

Allah a desséché sa main. Si l'Egypte est sa ferme, qu'il montre le bail que Dieu lui a fait. Mais Dieu est juste et miséricordieux pour le peuple.

IBRAHIM.

O le plus vaillant entre les enfants d'Issa (Jésus)! Allah t'a fait suivre de l'ange exterminateur pour délivrer sa terre d'Egypte.

BONAPARTE.

Cette terre était livrée à vingt-quatre oppresseurs rebelles au grand Sultan notre allié (que Dieu l'entoure de gloire), et à dix mille esclaves venus du Caucase et de la Géorgie. Arriel, ange de la mort, a soufflé sur eux, nous sommes venus et ils ont disparu.

MÉHÉMET.

Noble successeur de Scander (Alexandre-le-Grand), honneur à tes armes invincibles, et à la foudre inattendue qui sort du milieu de tes guerriers à cheval (L'artillerie volante qui terrifia les Arabes)!

BONAPARTE.

Crois-tu que cette foudre soit une œuvre des hommes? le crois-tu? Allah l'a fait mettre en mes mains par le génie de la guerre.

IBRAHIM.

Nous reconnaissons à tes œuvres Allah qui t'envoie. Serais-tu vainqueur si Allah ne l'avait permis? Le Delta et tous les pays voisins retentissent de tes miracles.

BONAPARTE.

Un char céleste (un aérostat) montera par mes ordres jusqu'au séjour des nuées; et la foudre descendra vers la terre le long d'un fil de métal, dès que je l'aurai com-

SULEÏMAN.

Et le grand serpent sorti du pied de la colonne de Pompée, le jour de ton entrée à Scanderich (Alexandrie) et qui est resté desséché sur le socle de la colonne, n'est-ce pas encore un prodige opéré par tes mains?

BONAPARTE.

Lumières des fidèles, vous êtes destinés à voir encore de plus grandes merveilles, car les jours de la régénération sont venus.

IBRAHIM.

La divine unité te regarde d'un œil de prédilection, adorateur d'Issa, il te rend le soutien des enfants du prophète.

BONAPARTE.

Mohammed n'a-t-il pas dit : Tout homme qui adore Dieu et qui fait des bonnes œuvres, quelle que soit sa religion, sera sauvé?

SULEÏMAN, IBRAHIM, MÉHÉMET, *ensemble en s'inclinant.*

Il l'a dit !..

BONAPARTE.

Et si j'ai tempéré par ordre d'en haut l'orgueil du vicaire d'Issa, en diminuant ses possessions terrestres, pour lui amasser des trésors célestes, dites, n'était-ce pas pour rendre gloire à Dieu dont la miséricorde est infinie?

MÉHÉMET, *d'un air interdit.*

Le Muphti de Rome était riche et puissant, mais nous ne sommes que de pauvres muphtis.

BONAPARTE.

Je le sais, soyez sans crainte, vous avez été pesés dans la balance de Balthazar, et vous avez été trouvés légers.

Cette pyramide ne renfermait donc aucun trésor qui vous fût connu ?

SULEÏMAN, *les mains croisées sur la poitrine.*

Aucun, Seigneur, nous le jurons par la cité sainte de la Mecque.

BONAPARTE.

Malheur ! et trois fois malheur !! à ceux qui recherchent les richesses périssables, et qui convoitent l'or et l'argent semblables à la boue !

SULEÏMAN.

Tu as épargné le vicaire d'Issa et tu l'as traité avec clémence et bonté.

BONAPARTE.

C'est un vieillard que j'honore (que Dieu accomplisse ses desseins, quand ils seront réglés par la raison et la vérité !) ; mais il a le tort de condamner au feu éternel tous les Musulmans, et Allah défend à tous l'intolérance.

IBRAHIM.

Gloire à Allah et à son prophète ! qui t'ont envoyé au milieu de nous pour réchauffer la foi des faibles et rouvrir aux fidèles les portes du septième ciel.

BONAPARTE.

Vous l'avez dit, très zélés Muphtis, soyez fidèles à Allah ! le souverain maître des sept cieux merveilleux ; à Mohammed, son visir, qui parcourut tous ces cieux dans une nuit. Soyez amis des Français, et Allah, Mohammed et les Français vous récompenseront.

IBRAHIM.

Que le prophète lui-même te fasse asseoir à sa gauche,

le jour de la résurrection, après le troisième son de la trompette.

BONAPARTE.

Que celui là écoute, qui a des oreilles pour entendre, l'heure de la résurrection politique est arrivée pour tous les peuples qui gémissaient sous l'oppression. Muphtis, Imans, Mollahs, Kalenders, instruisez le peuple d'Egypte, encouragez-le à se joindre à nous pour achever d'anéantir les Beys et les Mameluks, favorisez le commerce des Français dans vos contrées et leurs entreprises, pour parvenir d'ici à l'ancien pays de Brama. Offrez-leur des entrepôts dans vos ports, et éloignez de vous les insulaires d'Albion, maudits entre les enfants d'Issa : telle est la volonté de Mohammed. Les trésors, l'industrie et l'amitié des Français, seront votre partage, en attendant que vous montiez au septième ciel, et qu'assis aux côtés des Houris aux yeux noirs, toujours jeunes et toujours pucelles, vous vous reposiez à l'ombre du Laba, dont les branches offriront d'elles-mêmes, aux vrais Musulmans, tout ce qu'ils pourront désirer.

SULEÏMAN , *s'inclinant.*

Tu as parlé comme le plus docte des Mollahs. Nous ajoutons foi à tes paroles ; nous servirons ta cause et Dieu nous entend.

BONAPARTE.

Dieu est grand et ses œuvres sont merveilleuses ! Salut de paix sur vous, très saints Muphtis.

Le général est alors sorti, avec sa suite, de la pyramide de Chéops, et il est retourné au Caire, laissant les autres membres de l'Institut national occupés à terminer leurs observations.

La lecture du dialogue précédent, perdu dans la poudre des bibliothèques, m'a inspiré quelques bouts-rimés, moins poétiques assurément que la conversation si pittoresque des interlocuteurs. Aussi, je ne me décide à les livrer à l'impression que pour appeler l'attention des artistes sur le sujet. J'ai toutes les variantes, inversions, transpositions et abréviations désirables pour ployer les paroles aux exigences de la musique.

En travaillant, je m'accompagnais sur un ton et un mouvement de marche militaire ; mais comme l'air n'est qu'à une voix, le concours d'un compositeur est indispensable, surtout pour les chœurs.

L'ÉGYPTIENNE.

Sultan Kebir !.... c'était écrit !!!

Par Mlle **Caroline ALYRAN.**

CHOEUR.

Allah Kerim !... Mohammed, son prophète,
Règne à jamais sur les humains !
Sultan Kebir tient dans ses mains
Sa foudre et sa tempête. (*Bis* ou *ter.*)
C'était écrit !
Au ciel, c'était écrit ! !

Allah Kerim !
Allah ! Allah ! } (*Bis* ou *ter.*)

STROPHE I.

Quand des carrés le tonnerre rapide
Eut écrasé les Mamelucks,
Au pied de la grand'pyramide,
Sultan Kebir dit à nos cheyks élus :
J'adore Issa, j'honore le prophète,
Mohammed fut grand entre les humains !
Mais Allah remit dans mes mains
Sa foudre et sa tempête. (*Bis* ou *ter.*)

CHOEUR DES

FRANÇAIS.	MUSULMANS.
Allah est grand ! Mohammed, son prophète,	Allah Kerim ! Mohammed, son prophète,
Fut illustre entre les humains !	Règne à jamais sur les humains !
Bounaberdi tient dans ses mains	Sultan Kebir tient dans ses mains
Sa foudre et sa tempête. (*Bis* ou *ter.*)	Sa foudre et sa tempête. (*Bis* ou *ter.*)
C'était écrit !	C'était écrit !
Au ciel, c'était écrit ! !	Au ciel, c'était écrit ! !
Allah Kerim ! (*Bis* ou *ter.*)	Allah Kerim ! (*Bis* on *ter.*)
Allah ! Allah !	Allah ! Allah ! !

STROPHE II.

Sur le Tibre, j'ai puni nos derviches,

Dans Rome a tremblé leur muphti ;

De l'Éridan j'ai chassé les Autriches,

Et pour jamais leur force anéanti.

J'ai pris en passant Malte l'imprenable,

Jadis l'écueil de tous vos Padischas,

Le Beauséant de son Grand-Connétable,

Effroi des Capitan-Pachas.

CHOEUR DES

FRANÇAIS.	MUSULMANS.
Allah est grand ! Mohammed, son prophète,	Allah Kerim ! Mohammed, son prophète,
Fut illustre entre les humains !	Règne à jamais sur les humains !
Bounaberdi tient dans ses mains	Sultan Kebir tient dans ses mains
Sa foudre et sa tempête. (*Bis* ou *ter.*)	Sa foudre et sa tempête. (*Bis* ou *ter.*)
C'était écrit !	C'était écrit !
Au ciel, c'était écrit ! !	Au ciel, c'était écrit ! !
Allah Kerim ! (*Bis* ou *ter.*)	Allah Kérim ! (*Bis* ou *ter.*)
Allah ! Allah ! !	Allah ! Allah ! !

STROPHE III.

Du grand Scander je marche sur les traces,

Mon étoile et l'honneur commandent mon destin ;

J'irai châtier vos ennemis les Thraces

Et le Kósak avide de butin.

Dans vos harems, en paix gardez vos odalisques,

Je veille à l'honneur de votre lit ;

Pareils à vos mystérieux obélisques,

Nos yeux seront pour elles de granit.

CHŒUR DES

FRANÇAIS.	MUSULMANS.
Allah est grand ! Mohammed, son prophète,	Allah Kerim ! Mohammed, son prophète,
Fut illustre entre les humains !	Règne à jamais sur les humains !
Bounaberdi tient dans ses mains	Sultan Kebir tient dans ses mains
Sa foudre et sa tempête. (*Bis* ou *ter*.)	Sa foudre et sa tempête. (*Bis* ou *ter*.)
C'était écrit !	C'était écrit !
Au ciel, c'était écrit ! !	Au ciel, c'était écrit ! !
Allah Kerim !	Allah Kerim !
Allah ! Allah ! ! } (*Bis* ou *ter*.)	Allah ! Allah ! ! } (*Bis* ou *ter*.)

STROPHE IV.

Mais vous connaîtrez le fil de mon cimeterre, (1)

Si vous ouvrez vos ports aux perfides Anglais;

Par delà les déserts je porterai la guerre ,

Et Istamboul sera criblé de mes boulets.

El Modhin en vain s'élance de l'Éthiopie,

Comme un palmier brisé par le Simon.

L'invulnérable de la Barbarie

Sera foudroyé d'un coup de canon.

CAUDA FINALE EN CHŒUR GÉNÉRAL.

FRANÇAIS.	BONAPARTE.	MUSULMANS.
Inclinez-vous devant son sabre redoutable!	Inclinez-vous devant mon sabre redoutable.! (1)	Nous nous inclinons sous ton sabre redoutable,
Allah veut son règne sur les humains,	Allah veut mon règne sur les humains.	Allah veut ton règne sur les humains;
Allah déposa dans ses mains	Allah dépose dans mes mains,	Allah déposa dans tes mains
Sa foudre épouvantable.	Sa foudre épouvantable.	Sa foudre épouvantable.
C'était écrit !	C'était écrit !	C'était écrit !
En dépit de l'Anglais maudit,	En dépit de l'Anglais maudit,	En dépit de l'Anglais maudit,
Allah veut son empire sur la terre.	Allah veut mon empire sur la terre,	Allah veut ton empire sur la terre,
Allah veut son règne sur les humains.	Allah veut mon règne sur les humains.	Allah veut ton règne sur les humains.
Ses éclairs, son tonnerre,	Ses éclairs, son tonnerre ,	Ses éclairs, son tonnerre,
Allah a remis dans ses mains !	Allah a remis dans mes mains !	Allah a remis dans tes mains !
Oui !	Oui !	Oui !
C'était écrit !	C'était écrit !	C'était écrit !
Au ciel, c'était écrit !	Au ciel c'était écrit ! !	Au ciel c'était écrit ! !
Allah Kerim ! } *Bis* ou	Allah Kerim ! } *Bis* ou	Allah Kerim ! } *Bis* ou
Allah ! Allah ! } *ter*.	Allah ! Allah ! } *ter*.	Allah ! Allah ! } *ter*.

(1) Formules dont se servent la Sublime-Porte et les Pachas.

IMPRIMERIE DE Mme DE LACOMBE, rue d'Enghien, 14.

www.ingramcontent.com/pod-product-compliance
Lightning Source LLC
Chambersburg PA
CBHW051218050726
47594CB00007B/3265